—世界の墓地—

世界の墓地

著 アラステア・ホーン
訳 大島聡子

山頂から海底、岸壁からロッカーまで、永遠の眠りの地を訪ねる

日経ナショナル ジオグラフィック

本でいっぱいの家で育ててくれた、父と母へ

Contents

はじめに ———————————————— 6

ヨーロッパ ——————————————— 8

南北アメリカ —————————————— 124

アフリカ・中東 ————————————— 178

アジア・太平洋 ————————————— 198

世界の墓地MAP ————————————— 224

Photo Credits ———————————— 231

Introduction

はじめに

　本書では、先史時代から現代にかけ、地球上のありとあらゆる場所に造られたさまざまな墓地を、4章に分けて紹介する。それらは、この世の永眠の地の中でも、とくに美しく、そして風変わりなものばかりだ。たとえば、水にのまれてしまった谷間の墓地や、海の底に造られた海中墓地。逆に、高い山の上にあるもの、崖の途中に吊られているもの、岩壁をくり抜いて造られているものもある。ページを繰れば、初期青銅器時代のアテネの墓地や、歴史が古くてアダムが埋葬されていると信じられていたウズベク族の共同墓地などと共に、19世紀に北米やヨーロッパでさかんに造られた荘厳な公園墓地が並んでいる。王や大統領、中国皇帝の墓、オーストラリアの探鉱者、アメリカの無法者や世界中の兵士、さらにはスコットランドの忠犬まで。皆それぞれに墓碑が建てられている。それらすべてを美しい写真で紹介していく。

上：
グアテマラのチチカステナンゴ郊外の丘にあるカラフルな共同墓地。毎年11月初めの死者の日に、人々は家族総出で墓を掃除し、色鮮やかに塗り直す。

右：
1991年にオープンしたメキシコのシカレは、古代マヤ文明の遺跡を利用したテーマパークだ。再建されたマヤのピラミッド群も人気だが、メキシコの教会や墓地も見所となっている。

Europe

ヨーロッパ

この章ではヨーロッパの墓地を紹介する。

西はリスボンのプラゼーレス墓地から、東はアルメニアのノラトゥス墓地まで。古くはアテネのケラミコスにある初期青銅器時代の墓地から、フランス、ベルギー、オランダ、ギリシャにある、2度の世界大戦の犠牲者を弔う現代の墓地まで。その範囲は距離にして4828キロ、時間にして4000年以上に及ぶ。

ヨーロッパには特に贅を凝らした墓地が多い。ロンドンに「マグニフィセント・セブン」と呼ばれるビクトリア朝時代の墓地があり、そのうちから、ハイゲートとケンサル・グリーンの2つの墓地を、それから、それらに負けず劣らず感動的なパリのペール・ラシェーズ、モンマルトル、モンパルナスの墓地を紹介する。そして忘れてならないのが、パリの地下にあるカタコンベだ。教会墓地が死体であふれかえり不衛生になったため、600万人分の遺骨が石灰岩採掘跡へ移された。今はトンネルの壁に整然と並べられている。

また、風変わりな埋葬地も登場する。ルーマニアの共同墓地には、町の職人が故人の肖像をユーモラスに描いた800基の墓碑があり、およそ墓地らしくない雰囲気を漂わせている。古代ギリシャの墓地では、カメが旅行者を出迎えてくれる。さて、なにかと物議を醸すことで有名だった小説家によって墓石が積み上げられているのは、ロンドンのどの墓地だろうか？ まるで生きているような修道士や裕福な市民のミイラを見ることができる墓地は？ 答えをぜひ、この章の中から探してほしい。

ヒエタニエミ墓地
フィンランド、ヘルシンキ

1829年に造られてから、ヒエタニエミ墓地にはフィンランドの著名人が数多く埋葬されてきた。古い区画にあるアーティストの丘には芸術家や作家、その他の区画には政治家から軍人まで眠っている。

左：
**カール・グスタフ・
エミール・マンネルヘイム
ヒエタニエミ墓地**
フィンランド、ヘルシンキ

カール・グスタフ・エミール・マンネルヘイムはフィンランドの第6代大統領であり、第二次世界大戦ではフィンランド軍の最高司令官を務めた。1951年に永遠の眠りにつくと、軍葬によってヘルシンキのヒエタニエミ墓地へ埋葬された。

上、下：
スコーグスシュルコゴーデン
スウェーデン、
ストックホルム

スコーグスシュルコゴーデン（スウェーデン語で森の墓地）の設立は1920年。設計は建築家のグンナール・アスプルンドとシグルド・レベレンツによるものである。砂利採取場が閉鎖されたあとの、松の木の深く生い茂る森の中に造られた。

スコーグスシュルコゴーデンの火葬場と礼拝堂
スウェーデン、ストックホルム

自然と調和したデザインは、その後の墓地のあり方へも大きな影響を与えたことから、1884年にユネスコの世界遺産に登録された。建築家のアスプルンドとレベレンツがよりインスピレーションを得ることができたのは、当時の埋葬法よりも、古代・中世北欧の埋葬様式からであったという。

リンゲブ・スターブ教会
ノルウェー

リンゲブ・スターブ教会の墓地は美しく、それだけでとても魅力がある。建てられたのは1220年頃で、その頃のノルウェーではよく見られた様式だが、残っているものの少ない貴重な建物だ。目を引く赤い塔は17世紀に加えられたもの。

グレイフライアーズ・カークヤード
スコットランド、エディンバラ

『テイ橋の惨事』ですっかり評判を落としてしまった詩人ウィリアム・マッゴナガルを含め、数多くのスコットランドの有名人が、このグレイフライアーズ・カークヤードに埋葬されている。だが、この墓地の名前が世界中に知れ渡ったのは、グレイフライアーズ・ボビーという犬のおかげだろう。ボビーは飼い主である牧師が死んでから、14年間もその墓を守り続けたのだ。

聖オーラフ教会
スコットランド、
シェトランド諸島、
アンスト島

シェトランド諸島のアンスト島にある荒れ果てた中世の教会は、11世紀のノルウェーの王で後に守護聖人となった聖オーラフを祀っている。隣接する墓地には、16世紀の商人セーゲバド・デトケンの石碑や中世前期の石の十字架なども見られる。

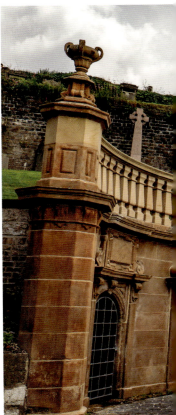

グラスゴー・ネクロポリス
スコットランド

街を見下ろす丘の上にあり、文字通り「死者の町」であるグラスゴー・ネクロポリス（ネクロポリスは古代の墓地を指す）。正式な開園は1833年。中でも印象的な記念碑は、ウィリアム・マクギャビン（右上）やジョン・ノックス（左下）などの宗教指導者たちのものだ。ノックスの碑が最も古く、建立が始まったのはネクロポリスの開園より8年早い1825年だった。すぐ近くのカテドラルから墓地へは橋がかけられている。その橋の反対側に人目を引く建物があり（右下）、当初はそれを墓地へ抜けるトンネルの入口にするつもりだったらしいが実現しなかった。

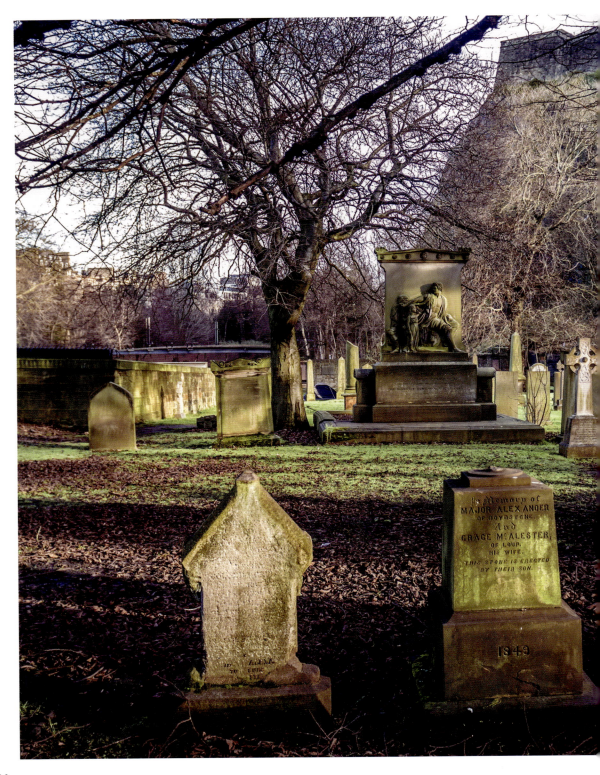

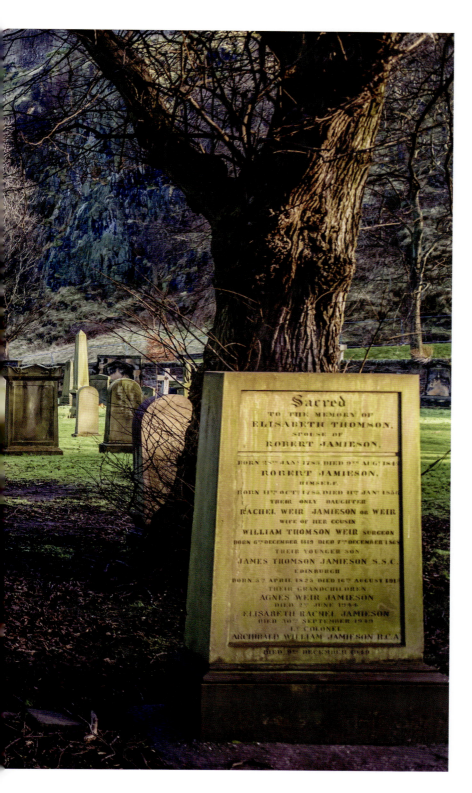

聖カスバート教会の墓地
スコットランド、
エディンバラ

教会は、キャッスル・ロックのエディンバラ城を見上げるこの場所に7世紀から建っているとされる。付属の墓地の最も古いエリアは、かつては「ペアズノウ」(子どもたちの丘)と呼ばれ、子どものための埋葬地だった。『阿片常用者の告白』を書いた作家のトマス・ド・クインシーもここに眠っている。

左：
オコンネルの塔
アイルランド、ダブリン、グラスネビン墓地

アイルランドの政治家ダニエル・オコンネルの働きかけで、カトリック教徒とプロテスタントの初の共同墓地がダブリンにできた。1847年のオコンネルの死後、彼の心臓はローマに埋められたが、体はグラスネビンに埋葬され、伝統的なアイルランド円塔が建てられた。

上：
キリストと聖母マリアの彫像
アイルランド、グラスネビン墓地

1832年開園のグラスネビン墓地の敷地は、今では48ヘクタールにまで広がっている。ここに眠る著名な人物としては、アイルランド第3代大統領のエイモン・デ・バレラ、作家のアースキン・チルダーズやブレンダン・ビーアンなどが挙げられる。

次ページ：
グレンダロッホ
アイルランド、ウィックロー

アイルランドのグレンダロッホにある6世紀の修道院。敷地には、11世紀から現代までの2000基以上の墓が建っている。今も残る円塔は30メートルの高さがある。

キルマクドゥア修道院
アイルランド、ゴールウェイ

7世紀に聖コルマン・マクドゥアの建てたキルマクドゥア修道院。すでに荒廃しているが、墓地は地域の人々に使用されている。アイルランドで一番高い円塔は、垂直状態より50センチ以上も傾いている。

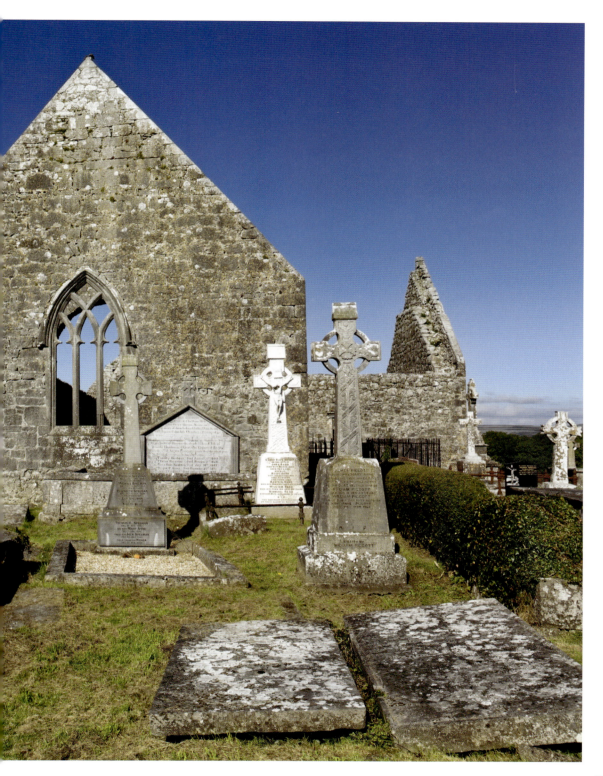

左：
アーノス・ベール墓地
イングランド、ブリストル

1837年に造られたアーノス・ベール墓地は、1990年代にブリストルの市議会がこの土地を買い上げ修復と保護に乗り出すまでは、閉鎖や商業的な再開発の危機に陥っていた。イギリスの国家遺産に指定されてからは、いくつもの会議がここで開かれ、名産品を扱うイベントなども催されるようになった。

上：
ライリー家の墓
イングランド、
ダービーシャー県、エヤム

ダービーシャーのエヤム村の郊外にある小さな墓地。1666年の夏、エリザベス・ハンコックはこの墓地に、夫と、7人いた子どものうち6人を埋葬した。彼らは、次々にペストにかかって死んでいったのだった。

下：
イスマーイール派ムスリムの墓地
ブルックウッド墓地
イングランド、サリー県

かつて、サリー県のブルックウッド墓地には専用の鉄道駅があった。北の駅は非国教徒が使う駅で、南にあるもうひとつの駅は英国国教徒用のものだった。この墓地は、多くの宗教や宗派に開かれており、イスラム教徒の墓やゾロアスター教の埋葬法にも対応している。

ブルックウッド墓地
イングランド、サリー県

1852年に完成したブルックウッド墓地は、当時は世界一大きく、イングランド国内では依然として最大の墓地だ。葬られている人々の中には、デニス・ホイートリー（小説家）、レベッカ・ウェスト（作家・ジャーナリスト）、英国人に愛されているルパート・ベアのコミック・ストリップを描いた2代目イラストレーター、アルフレッド・ベストールなどがいる。

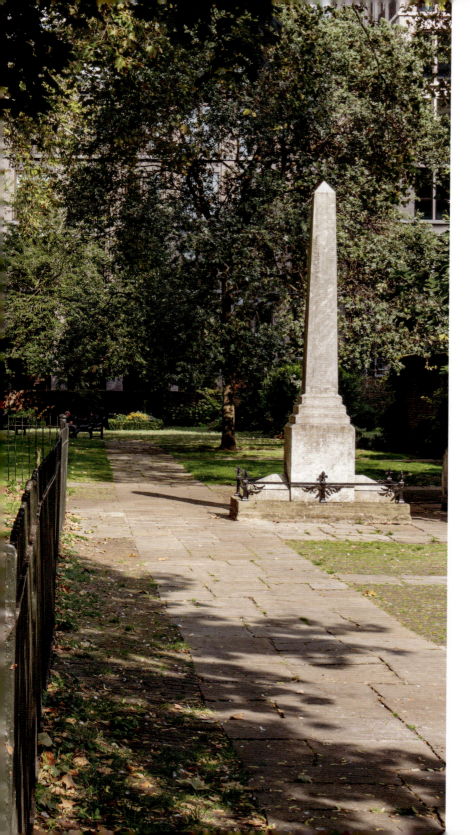

バンヒル・フィールズ
イングランド、ロンドン

バンヒル・フィールズは、「ボーン・ヒル（骨の丘）」が変化してそう呼ばれるようになったのではないかと言われている。16世紀に、近くの納骨堂から運んできた骨を大量に埋めた場所だったためだ。1660年代中盤以降、イングランド国教会に聖別されなかったこの墓地は、非国教徒たちを埋葬する場所として選ばれるようになる。ジョン・バニヤン（作家）、ダニエル・デフォー（作家）、ウィリアム・ブレイク（詩人、画家）、アイザック・ウォッツ（讚美歌作家）が眠っている。

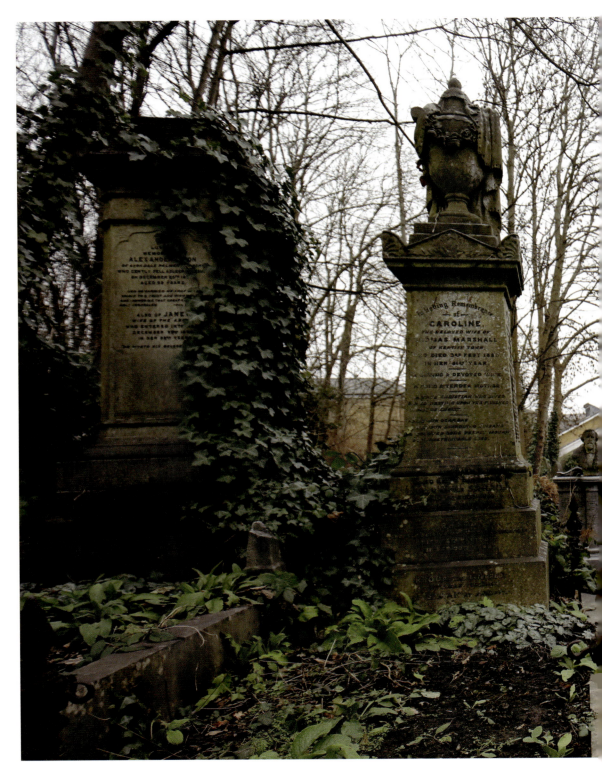

左、上、下：
ハイゲート墓地
イングランド、ロンドン

1839年に誕生したハイゲートは、今では世界に名の知れた墓地となっている。有名な墓はいくつもあるが、特に注目を集めているのはカール・マルクス、作家のジョージ・エリオット（左）やシンガーソングライターのジョージ・マイケルなどの墓だ。

次ページ：
ハイゲート墓地のエジプト通り
イングランド、ロンドン

設計したのは建築家のスティーブン・ゲアリーで、彼もこの近くに眠っている。通りの両側には家族用の廟が8つずつ並び、1つの廟に棺を12基納めることができる。もとはトンネルのような通りだったが、1870年代に屋根が撤去された。

40ページ：
聖ペテロ教会墓地
イングランド、リバプール、ウールトン

聖ペテロ教会の庭には、ビートルズの歌の歌詞に登場するエリナー・リグビーの墓がある。ジョン・レノンとポール・マッカートニーが初めて出会ったのは、この近くの教会のホールで、1957年7月のことだった。

上:
キー・ヒル墓地
イングランド、
バーミンガム、ホックリー

「ミッドランズのウェストミンスター寺院」と形容されたこともあるキー・ヒル墓地には、国会議員を務めたジョセフ・チェンバレンとリチャード・チェンバレン兄弟など、この地域の歴史上最も重要な人物が何人も眠っている。

左:
ケンサル・グリーン墓地
イングランド、ロンドン

ケンサル・グリーン墓地が開設されたのは1833年で、ロンドンの「マグニフィセント・セブン」の中でも最も古い。パリのペール・ラシェーズ墓地をモデルにしており、イザムバード・キングダム・ブルネル（技術職人）やウィルキー・コリンズ（小説家）、ハロルド・ピンター（劇作家）などが埋葬されている。

左、上:
聖パトリック教会
イングランド、ヘイシャム

ランカシャー州ヘイシャムの崖の上には、聖パトリック教会という8〜9世紀頃の遺跡があり、硬い岩を削って作った数個の墓が2組残っている。頭の方に開いた穴には、木製の十字架を立てていたと考えられている。

下:
聖ジェームズ教会
イングランド、ケント州、クーリング

クーリングの聖ジェームズ教会は、礼拝所としての役割はすでに終えているが、付属の墓地は物語の中になくてはならないものになっている。ディケンズが、『大いなる遺産』の冒頭の、ピップと囚人マグウィッチが出会うシーンのインスピレーションを得たのは、この墓地からなのだそうだ。

43

聖マリア教会の墓地と
ウィットビー修道院
イングランド、ヨークシャー

ウィットビーの聖マリア教会は、今は廃墟となっている有名な修道院のそばにある。この修道院が建てられたのは1220年代だが、もともとここには7世紀の修道院の遺跡があった。教会の墓地は、ブラム・ストーカーの小説『ドラキュラ』の中に、黒い犬の姿に変えた吸血鬼がイングランドに上陸する場所として描かれている。

左：
**ハーディの木、
聖パンクラス旧教会**
イングランド、ロンドン

その作品がなにかと物議を醸しがちなトーマス・ハーディ（小説家・詩人）は、建築家見習いだった1960年代に、墓石とその下の遺体を移動させる役目に就いた。この付近に鉄道を通すためだ。彼が墓石で囲んだトネリコの木は病気で弱ったうえに嵐に遭い、2022年に倒れてしまった。

上：
バイユー戦没者墓地
フランス

第一、第二次世界大戦で命を落とした英連邦兵士たち約5000人の墓が並ぶバイユー戦没者墓地。ノルマンディーにある18の英連邦戦没者墓地の中で最も大きい。この土地は、犠牲になった兵士を称えフランスから英国へ譲渡されたもの。

下：
ノルマンディー米軍英霊墓地
フランス、
コルビル＝シュル＝メール

1956年に開設されたコルビル＝シュル＝メールの米軍英霊墓地。1944年夏のノルマンディー上陸作戦に使われた5つの海岸のうちのひとつ、オマハビーチを見下ろす場所に、約1万人の米軍兵士が埋葬されている。

アンボワーズ城の オリエントガーデン
フランス

アンボワーズ城には、アルジェリアの民族運動指導者アブドゥルカーディルが1848年から1852年まで幽閉されていた。その間に、一緒にいた家族や支持者たち25人を亡くしている。今は城のオリエントガーデンに石の台が置かれ、彼らの名前を刻んだ金属製の墓碑が建てられている。

左：
ドゥオモン国立墓地と納骨堂
フランス、ベルダン

1916年にほぼ1年続いたベルダンの戦いは、第一次世界大戦の中で最も長い戦いで、約30万人の兵士が死亡している。ベルダンのドゥオモン墓地に1万6千人が埋葬され、さらに13万人の身元不明の兵士の遺骨が同じ敷地内の納骨堂に納められている。

上、下：
ラ・カンブ墓地
フランス

ドイツ人建築家のロベルト・ティシュラーの設計したラ・カンブ墓地は、ノルマンディーにある最も大きなドイツ軍戦没者墓地で、2万人以上の兵士の永眠の地となっている。敷地の中央にある高さ6メートルの盛り土に、石の十字架が立っている。

聖アンドリュー教会
フランス、
リュツ＝サン＝ソブール

フランスの山村にある聖アンドリュー教会。教会の建立は12世紀だが、銃眼を持つ壁は、14世紀にミケレットと呼ばれる盗賊団の襲撃から守るために築かれたもの。

左：
モンマルトル墓地
フランス、パリ

モンマルトル墓地が造られる1825年まで、ここは石こうの採石場跡で、フランス革命時には巨大な墓穴のように使われていた。墓地には多くの著名人が眠っているが、数名挙げるとすれば、エドガー・ドガ（彫刻家）、フランソワ・トリュフォー（映画監督）、エミール・ゾラ（小説家）などであろう。

上、下：
モンパルナス墓地
フランス、パリ

モンパルナス墓地には、ひときわ目を引く芸術作品がある。デ・マックスの彫刻「男女の別れ」（上）は、もともとリュクサンブールの公園にあったものだが、公園にはふさわしくないという理由でここへ移された。この猫（下）は、ニキ・ド・サン・ファル（彫刻家）が自分のアシスタントであるリカルドの墓として制作したものだ。

55

モンパルナス墓地
フランス、パリ

すぐそばに建つモンパルナスタワーからの眺め。モンパルナス墓地は19ヘクタール以上の広さを誇り、フランスの著名人たちの墓も多い。たとえば、シャルル・ボードレール（詩人）、セルジュ・ゲンズブール（作曲家、歌手）にパートナーだったジェーン・バーキン（歌手、女優）、ジャック・ドゥミ（映画監督）などである。

カタコンブ・ド・パリ
フランス、パリ

パリの街の下に縦横無尽に広がるトンネルは、もとは石灰岩を切り出すための坑道だったが、納骨堂として使われるようになった。19世紀後半、イノサン墓地などの市の共同墓地がいっぱいになり、600万人分の遺骨を移す必要ができたためだ。今では、年間50万以上の人々が訪れる観光スポットになっている。

ペール・ラシェーズ墓地
フランス、パリ

パリではずば抜けて大きく、また世界一訪れる人の多い墓地が、このペール・ラシェーズだ。世界に先駆けて造られた公園墓地としていまだに大きな影響力を持っている。ロンドンの「マグニフィセント・セブン」などは、まさにこの墓地を手本に造られた。コレットやマルセル・プルースト、ガートルード・スタイン、オスカー・ワイルドなどの作家たちも、ここに眠っている。

アルムデナ墓地
スペイン、マドリード

フェルナンド・アルボスとホセ・ウリオステという2人の建築家が設計した。その名前はマドリード市の守護聖母アルムデナに由来する。500万人の埋葬者の中には、フェルナンド・レイ（俳優）、アルフレッド・ディ・ステファノ（サッカー選手）、ニセト・アルカラ＝サモラ（大統領）などもいる。

サン・アマロ墓地
スペイン、ア・コルーニャ

墓地が正式に開園したのは1813年だが、墓は1700年代から建てられていたようだ。ア・コルーニャ湾の向こうに広がる大西洋がすばらしい。ピカソの師2人と、妹コンチータもこの墓地に眠っている。

王の霊廟
スペイン、
エル・エスコリアル

金と大理石でできた26の墓室がある霊廟には、スペインの歴代の王と王妃たちが眠っている。王族が亡くなると、まずは体をミイラ化させるための安置所に移す。体が小さな鉛製の棺に入るほど縮んでから、霊廟に収める。すべてが完了するまでに、50年ほどかかるそうだ。

サンタ・マリア・ラ・レアル教会
スペイン、ナバラ州、サングエサ

ナバラ州のサングエサにあるサンタ・マリア・ラ・レアル教会は、12世紀にアルフォンソ1世（在位：1104年～34年）の命により建てられた。アルフォンソ1世はアラゴン＝ナバラの王で、武人王とも呼ばれていた。この墓地には、墓石に十字架の掘られた中世の墓がいくつか残っている。

ポブレノウ墓地
スペイン、バルセロナ

もともとこの場所には18世紀の墓地があったのだが、1808年に侵攻してきたフランス軍によって破壊されている。その後1819年に、イタリア人建築家アントニオ・ジネージの設計でこのポブレノウ墓地が造られた。写真のように第1区画には簡素な墓がぎっしりと並んでいて、まるで団地のようだ。

左ページ：
ポブレノウ墓地
スペイン、バルセロナ

同じポブレノウ墓地でも第2区画には、さまざまに趣向を凝らした、より個性的な墓碑が多い。『ティファニーで朝食を』でオードリー・ヘップバーンと共演したホセ・ルイス・デ・ビラロンガ（貴族、俳優）もここに眠っている。

左上、上：
シリエゴ墓地

スペイン、カンタブリア州、サンタンデール
ビスケー湾を一望するこの墓地は、1881年にカシミーロ・ペレス・デ・ラ・リバ（建築家）によって設計された。フェデリコ・ガルシア・ロルカ（詩人、劇作家）のミューズであったラファエル・ロドリゲス・ラプンも埋葬されている。

前ページ、下：
サンフロイラン市営墓地
スペイン、ガリシア州、ルーゴ

万聖節とも呼ばれる11月1日の諸聖人の日はスペインの祝日で、人々は家族の墓を訪れ、花を供える。

右：
プラゼーレス墓地
ポルトガル、リスボン

日本語で「喜び」という意味を持つプラゼーレス墓地は、コレラの流行で多くの死者が出た1833年に造られた。そばを流れるテージョ川と4月25日橋の眺めが素晴らしい。

上、左ページ：
カプチン派のカタコンベ
イタリア、シチリア島、パレルモ

1599年、パレルモのカプチン派の修道士たちが仲間の遺体を新しい墓地に移そうとした時、どういうわけか自然にミイラ化したものがあることに気がついた。それからは、人工的に遺体をミイラ化し、聖遺物として展示するようになった。宗教関係者だけでなく裕福な市民などのミイラもあり、この習慣は1939年まで続いた。

左：
死者の教会
イタリア、ウルバニア

18体ものミイラが立ち姿で展示されているのは、イタリアのウルバニアという町にある死者の教会だ。展示は1833年からで、ナポレオンのサンクルー勅令により遺体を町の外に埋め直そうとしたところ、それらが完璧に保存されていたことに気づいたことがきっかけだった。

左、上:
非カトリック墓地
イタリア、ローマ

ローマの非カトリック墓地は、文字通りカトリックを信仰しない人々(プロテスタントやユダヤ人も含む)を埋葬できる場所として造られた。カトリックの教義では、聖別された土地にカトリック信者以外を埋葬することを禁止していたためだ。ここには、詩人のジョン・キーツやパーシー・ビッシュ・シェリーも眠っている。

下:
アウグストゥス廟
イタリア、ローマ

ローマ皇帝アウグストゥスがこの霊廟の建設に乗り出したのは紀元前28年で、自分と子孫の墓にするためだった。その後2000年以上にわたり、城や公園、コンサートホールなどさまざまに使用され、2021年からは一般公開されている。

左ページ、上:
フォンタネッレ墓地
イタリア、ナポリ

ナポリの採石場跡地に造られたフォンタネッレ墓地には、1656年のペスト、1837年のコレラ大流行で犠牲になった何千人もの名も無き人々が埋葬されている。19世紀後半になると、しゃれこうべの世話をして願を掛けることが流行した。

次ページ:
パンターリカの岩壁墓地遺跡
イタリア、シチリア島

シチリア島南東部にあるパンターリカの岩壁墓地遺跡には、石灰岩を掘った約4000の墓が残る。このネクロポリスが造られたのは紀元前13～紀元前7世紀の間で、近隣のシラクサの都市遺跡と共にユネスコの世界遺産に登録されている。

81

左:
チェルベーテリ墓地遺跡群
イタリア

チェルベーテリにあるエトルリア人墓地遺跡群では、何千もの墓が街のように配置され、それが2キロ近く続く。紀元前9〜紀元前1世紀にかけてのもので、複数の部屋を持つ小屋の形をした墓もあれば、岩をくり抜いた墓もある。

下:
ポルタ・ロマーナ墓地
イタリア

テベレ川の河口にオスティア・アンティカ（古代のオスティア）と呼ばれるローマ古代都市がある。1855年から1923年にかけ、オスティアへ続く道沿いに60もの墓が発見された。それがこのネクロポリスである。

83

サン・ミケーレ墓地
イタリア、ベネチア

ベネチア本島とムラーノ島の間にあるサン・ミケーレ島は、1807年からベネチア市民の墓地として使われている。バポレットと呼ばれる水上バスで行き来ができ、エズラ・パウンド（米国の詩人）、イーゴリ・ストラビンスキー（ロシアの作曲家）、ロベルト・カラッソ（イタリアの作家、出版人）など、有名な文化人の墓もある。

右:
スタリエーノ記念墓地
イタリア、ジェノバ

欧州最大規模を誇るスタリエーノ記念墓地は、美しい彫刻の多いことでも有名だ。デメトリオ・パーニョ制作のアッピアーニ家の墓もすばらしく、ジョイ・ディビジョンのアルバム『Closer（クローサー）』のジャケットにその写真が使われている。

右ページ上:
スタリエーノ記念墓地
イタリア、ジェノバ

カルロ・バラビーノは1835年からこの記念墓地の建設に取りかかったが、その年のうちにコレラの大流行で亡くなり、弟子のジョン・バプティスト・レサスコが引き継いだ。工事の再開は1844年、墓地の開園は1851年になってからのことだった。

右ページ下:
サン・ジョルジョ教会
イタリア、ポルトフィーノ

イタリアのリゾート地、ポルトフィーノの丘に建つサン・ジョルジョ教会。黄色い壁が華やかで、ここから地中海を一望できる。中庭の墓地もすばらしいが、一番の見所は教会の中にあるらしい。多くの教会が主張しているように、この教会もまたサン・ジョルジョ（聖ゲオルギオス）の聖遺物を保管しているという。

ウィド・ガミーク墓地
マルタ、カルカラ

1837年にコレラの大流行がマルタを襲い、カルカラの町から多くの病人が近くのリカソリ砦へ運ばれてきた。800人以上が死亡し、1つの墓に集団で埋められた。1878年、それらの遺体は改めて埋葬され、祈念碑が建てられた。

左:
ツェントラールフリートホーフ
オーストリア

1874年の諸聖人の日にオープンしたツェントラールフリートホーフ（ウィーン中央墓地）は、ルートビヒ・バン・ベートーベン（作曲家）、アルノルト・シェーンベルク（作曲家）、ヨハン・シュトラウス1世、2世（作曲家）、ファルコ（ポップスター）、ヘディ・ラマー（女優、発明家）の永眠の地だ。映画『第三の男』の墓地のシーンでも使われている。

左ページ下:
ボワ＝ド＝ボー墓地
スイス、ローザンヌ

ボワ＝ド＝ボー墓地の菩提樹の並木道。この並木道はスイス人建築家アルフォンス・ラブリールが約30年かけて作り上げた。彼もこの墓地に眠っている。

下:
**ボワ＝ド＝ボー墓地の
ココ・シャネルの墓**
スイス

おそらく、ボワ＝ド＝ボー墓地で一番有名なのは、ココ・シャネルの墓だろう。「リトル・ブラック・ドレス」や香水の「シャネル N°5」を生み出したファッションデザイナーである。

上、下：
ベルゲン・ベルゼン記念館
ドイツ、ニーダーザクセン州

ベルゲン・ベルゼン記念館は、1943年〜45年にナチスの強制収容所で犠牲になった5万人以上ものユダヤ人を追悼するためのもので、1952年に開館した。高さ25メートルの石のオベリスクがそびえ、慰霊の壁にはこの地で国民を亡くした各国のメッセージが刻まれている。

右：
ドロテーエンシュタット墓地
ドイツ、ベルリン

埋葬が始まったのは1770年、この墓地は今やベルリンの文化人が大勢眠る墓地として知られるようになった。哲学者のヘルベルト・マルクーゼ、ヨハン・ゴットリープ・フィヒテ、ゲオルク・ビルヘルム・フリードリヒ・ヘーゲルの墓があり、また、晩年に墓地の隣に住んでいた詩人で劇作家のベルトルト・ブレヒトもここに眠っている。

上:
**レーデルゼーの
ユダヤ人墓地**
ドイツ、バイエルン州

15世紀に造られたレーデルゼーのユダヤ人墓地は、バイエルン州最大の埋葬地のひとつだ。第二次世界大戦前や大戦中にこの地で何度も冒涜が繰り返され、現在はホロコースト犠牲者のための慰霊碑が建てられている。

左:
メラーテン墓地
ドイツ、ケルン

ケルンのメラーテン墓地の名前は、12世紀にこの場所に建っていたハンセン病病院に由来する。墓地は1810年に造られ、最初の20年はカトリック教徒だけが埋葬されることを許されていた。

左ページ:
ハイリガー・サンド
ドイツ、ボルムス

ドイツの都市ボルムスのハイリガー・サンドの歴史は少なくとも11世紀中頃まで遡り、現存する欧州最古のユダヤ人墓地と考えられている。偉大な学者が何人も埋葬されているため、ユダヤ人の巡礼の地となっている。

95

左：
南フリートホーフ
ドイツ、ライプツィヒ

1886年にオープンしたライプツィヒの南フリートホーフは、公園のように緑に包まれ、アカリスやウサギ、キツネなどさまざまな動物のすみかとなっている。墓地の敷地内をめぐる小道は、銀葉菩提樹の葉をイメージしてデザインされている。

上、下：
聖ヨハネ墓地
ドイツ、ニュルンベルク

ドイツ・ルネサンスを代表する巨匠アルブレヒト・デューラーの永眠の地。彼は絵画や版画などの作品を残し、理論家でもあった。また、この墓地は真ちゅうやブロンズの装飾を施した墓が多く、バラの茂みが美しいことでも知られている。

99ページ：
ラーケン墓地
ベルギー、ブリュッセル

ラーケン墓地は、ブリュッセルにある埋葬地としての機能を失っていないもののうちで最古の墓地だ。隣の聖母教会の地下には王室の墓所があり、ベルギー王室の正式な埋葬地となっている。

上、右上:
アシステンス教会墓地
デンマーク、コペンハーゲン

1760年の開園当初は貧しい人々のための埋葬地だった。しかし1775年に著名なヨハン・サミュエル・アウグスティンがここに埋葬されることを望んだことが知れ渡ると、それが裕福な人々の間で流行した。今ではハンス・クリスチャン・アンデルセンやセーレン・キルケゴールの墓も見ることができる。

右:
タインコット墓地
ベルギー

ベルギーのパッシェンデールとゾンネベーケという2つの村のすぐそばにあるこの墓には、第一次世界大戦に近くの戦場で命を落とした約1万2000人の英連邦兵士たちの墓が並ぶ。

右、下:
オランダ・アメリカ人墓地
オランダ、マルグラーテン

1944年11月、まだ第二次世界大戦の終わらないうちに、この墓地は造られた。ここに並ぶアメリカ人兵士の墓は8000基を超える。

右ページ上:
新東墓地
オランダ、アムステルダム

この墓地は死者を弔うだけでなく、庭園としても楽しめるように造られている。設計は建築家のレオナルド・アンソニー・シュプリンガーで、「自然をそのまま、美しくシンプルに表現」した。

左、上:
新ユダヤ人墓地
チェコ共和国、プラハ

1890年に開園したプラハの新ユダヤ人墓地には、フランツ・カフカの墓（上、白っぽい墓）がある。短編小説『変身』や長編『審判』などの作品を残したカフカは、生まれたのも亡くなったのもプラハだった。

下:
旧ユダヤ人墓地
チェコ共和国、プラハ

プラハにある旧ユダヤ人墓地は、かなり昔から土地が足りなくなっていた。新しく埋葬するには古い墓の上に土を盛り、墓石も古いものの隙間に建てなければならなかった。

前ページ、下:
ドイツ戦争墓地
オランダ、イッセルスタイン

アイントホーフェンに近いイッセルスタイン村にある墓地。1940年〜45年のオランダがナチスの占領下にあった頃に殺されたドイツ軍兵士たちを埋葬した。墓にはグレーの十字架が立っている。

ミロゴイ墓地
クロアチア共和国、ザグレブ

丸天井の美しいアーケードを持つミロゴイ墓地は、オーストリア=ハンガリー帝国のヘルマン・ボレーの設計で建てられた。彼は1926年にこの墓地に埋葬されている。宗教を問わず誰でも墓を建てることを許され、イワン・メシュトロビッチやアントゥン・アウグスティンチッチなどの彫刻を見ることもできる。

上:
コバチ墓地
ボスニア・ヘルツェゴビナ、サラエボ

サラエボの丘の斜面にコバチ墓地が造られたのは15世紀のことだが、現在、その大部分を占めているのは、ボスニア・ヘルツェゴビナ紛争（1992年〜95年）の際にサラエボ包囲により犠牲になった何千という市民の白い墓石だ。

右、右ページ:
ラディムリャ共同墓地
ボスニア・ヘルツェゴビナ

ステチュツィと呼ばれる中世の墓碑がボスニア・ヘルツェゴビナ国内に約6万基も発見されている。ここラディムリャ共同墓地にも100基以上のステチュツィがあり、その多くに狩りや踊り、騎士道の大会の場面などが掘られている。

左ページ：
アテネ第一墓地
ギリシャ

アテネ第一墓地が開園したのは1837年。ギリシャがオスマン帝国から独立してから数年後のことだ。場所は、古代の遺跡ゼウス神殿の裏手にあたる。デミス・ルソス（歌手）やT. H. ホワイト（小説家）、ハインリヒ・シュリーマン（考古学者）などが埋葬されている。

上：
スダ湾戦争墓地
ギリシャ、クレタ島

英連邦の軍人1500人の墓が並ぶ、クレタ島のスダ湾戦争墓地。この中には、英国人考古学者のジョン・ペンドルベリーの墓もある。彼は、第二次世界大戦中に英国の諜報機関で活動していた。

下：
ケラミコス墓地
ギリシャ、アテネ

古代ギリシャのケラミコス墓地で一番歴史の古い墓は、4000年以上前の初期青銅器時代のものだ。ここでは、大きなカメに付き添われながら遺跡を散策できる。カメは100頭ほどもすみ着いているらしい。

109

右:
円形墓域A
ギリシャ、ミケーネ

古代ギリシャのミケーネは、1700年にベネチアの技術者フランチェスコ・バンデイクによって特定された遺跡だ。紀元前16世紀のものとされる王家の墓があり、円形墓域Aと呼ばれている。

下、右ページ:
ケラミコス墓地
ギリシャ、アテネ

6世紀までアテネの人々に使用されていたこの墓地から、当時の埋葬のルールや流行を知ることができる。紀元前478年、政治家でもあったテミストクレス将軍の提案で、墓碑はすべて市の新しい城壁内に建てることになった。また、裕福な市民がこぞって建てていた贅沢な墓碑は紀元前317年に禁止された。

111

水没したジャマナの墓地
ルーマニア

1978年、ルーマニアのジャマナは廃村となった。ニコラエ・チャウシェスク政権が、近くの銅山から出る鉱毒を含んだ水をアプセニ山地の肥沃な谷へ流すことを決めたためだ。村にあふれた汚染水は、教会や墓地を飲み込み、今もなお増え続けている。

陽気な墓地
ルーマニア、サプンツァ

サプンツァ村の「陽気な墓地」には、800基もの色鮮やかな木の墓標が並んでいる。制作したのは、芸術家のスタン・ヨアン・パトラシュで、1977年の彼の死後は、弟子のドゥミートル・ポップ・ティンクが引き継いだ。墓標には、埋葬されている人の人生が一目でわかるようユーモラスな絵と詩が彫られている。

聖ラザロ墓地
モルドバ、キシナウ

1966年に開園したモルドバの聖ラザロ墓地は東欧最大規模で、およそ202ヘクタールの敷地に、25万基以上の墓が並ぶ。毎年、聖トマスの日曜日の後の月曜日には、何万という人々が墓参りに訪れる。

左、上:
十字架の丘
リトアニア

およそ200年間、祈りが届くことを願ってたくさんの人がこの丘に十字架を立ててきた。ソビエトに併合されていた時代に、宗教の弾圧を受け、十字架は重機でなぎ倒され焼かれもしたが、今でも10万本以上の十字架が立っている。

下:
ノラトゥス墓地
アルメニア

中世に造られたノラトゥス墓地は、ハチュカルという十字架や花の文様が掘られたアルメニアの伝統的な石碑があることで知られている。この墓地で最も古いハチュカルは10世紀後半のものだ。

左：
ナイサール墓地
エストニア

エストニア沿岸のナイサール島は、20世紀の大半をソ連軍に占領されていた。1927年に制作されたこの木の慰霊碑は、クリミア戦争で命を奪われたイギリス軍水兵たちを追悼するためにここに立っている。

上：
チフビン墓地
ロシア、サンクトペテルブルク

アレクサンドル・ネフスキー大修道院にある4つの墓地のうちのひとつ。チャイコフスキー（作曲家）やドストエフスキー（小説家）が眠り、「優れた芸術家の墓地」として指定されている。

下：
ノボデビチ墓地
ロシア、モスクワ

この一流の墓地に眠っているのは、作家のアントン・チェーホフやミハイル・ブルガーコフをはじめ、作曲家ショスタコービチやセルゲイ・プロコフィエフ、ソ連の最高指導者ニキータ・フルシチョフ、ミハイル・ゴルバチョフ、初代ロシア連邦大統領ボリス・エリツィンなど、そうそうたるメンバーだ。

121

死者の街
ロシア、ダルガフス

北オセチア共和国のダルガフス村の外れにある中世のネクロポリス、「死者の街」。丘の斜面に半地下の墓や家のような形をした墓が100基ほども建っている。壁に設けられた四角い穴は、遺体を中へ入れるためのもの。

Americas

南北アメリカ

　南北アメリカの墓地は、そこに葬られている人々と同じように個性的で、見る者の心をつかむ。ジャック・レモンやマリリン・モンローなどハリウッドの大スター、ブートヒルの無法者、タイタニック号沈没事故で亡くなった人々。それから、鉄道の建設に携わっていた中国人労働者たち。彼らは、大戦と革命のせいで故国の地に眠る夢が叶わなかった。

　南北アメリカには、世界的に見ても色鮮やかで目を引く墓地が多い。80年以上も前から動物やインカのシンボルの形にイトスギの木を刈り込んでいるエクアドルのトゥルカン市営墓地。白と黒のタイルで巨大なチェス盤のように見えるグアドループの丘の墓地。

　そして、墓の色や人々の様子から、キリスト教が土着の葬儀にしっかり織り込まれてきたことがわかる。たとえば、グアテマラのチチカステナンゴの墓がカラフルな色に塗られているのは、マヤの伝統であるとされているし、メキシコの「死者の日」にろうそくと黄色いマリーゴールドの花を供え、凝った衣装と骸骨のメイクをするのは、アステカの儀式が起源であると言われている。

　歴史の浅い墓地にも魅力的なものがある。奇抜なのは、フロリダの海中に設けられた墓地で、遺灰をセメントに混ぜ込み人工岩礁の材料にしている。古代のものにせよ現代のものにせよ、南北アメリカの墓地を見れば心を奪われること間違いなしだ。

左ページ：
ノートル＝ダム＝デ＝ネージュ墓地
カナダ、ケベック州、モントリオール

1854年にモン・ロワイヤル公園の斜面に造られたノートル＝ダム＝デ＝ネージュ(雪の聖母)墓地はカナダ最大の墓地で、100万人以上もの人々が埋葬されている。敷地にはたくさんのウッドチャックがすみ着き、巣を掘るのに邪魔な骨を地中から外に放り出してしまうこともあるという。

ノートル＝ダム＝デ＝ネージュ墓地
カナダ、ケベック州、モントリオール

フランスの庭園墓地を手本に、1万3000本以上の木を植えている。樹齢100年を超えているものも多く、中には樹齢150年のシルバーメープルや高さ30メートルを超えるハコヤナギなどもある。

中国人墓地
カナダ、オークベイ、
ハーリングポイント

1903年に中国人の慈善団体がハーリングポイントのこの土地を購入した。当時、カナダ中から集めた中国人労働者の遺骨を故国へ帰すための船が7年ごとに出ており、それまでの保管場所として使われていたのだ。しかし1937年の日中戦争の勃発で船を出せなくなり、その後も1947年に中国共産党が台頭したためすべてが中止された。現在は、1000人以上の中国人がここに埋葬されている。

上:
フェアビュー・ローン墓地
カナダ、ノバスコシア州、ハリファックス

タイタニック号沈没事故で犠牲になった100人以上の墓がノバスコシア州のフェアビュー・ローン墓地にある。3分の1以上の遺体は身元が特定されていない。身元不明者の墓石にはただ番号と1912年4月15日という亡くなった日付だけが刻まれている。

右:
ビーチウッド墓地
カナダ、オンタリオ州、オタワ

1873年に造られたこの墓地は、2001年からカナダの国立軍人墓地となり、2009年には国立墓地に指定された。この場所に眠る人をしのんで「ビーチウッド墓地にて」を書いた詩人のアーチボルド・ランプマンもここに眠っている。

荒れ果てた教会と墓地
メキシコ、
サン・ファン・チャムラ

メキシコのチアパス州にあるサン・ファン・チャムラは自分たちの警察を持ち、マヤの儀式を取り入れた独自のキリスト教を信奉する先住民の自治の村だ。荒れ果てた聖セバスチャン教会の墓地には、たくさんの十字架が立っている。十字架はセメントや木で作られ、乾いた松の葉で飾られることが多い。

左：
死者の日
メキシコ、アユトラ

11月1日から2日間、ラテンアメリカでは死者の日を祝う。メキシコは特に盛大で、イラストレーター、ホセ・グァダルーペ・ポサダの生み出したカトリーナ（骸骨の貴婦人）に扮する女性も多い。

上：
ツィンツンツァンの墓地で演奏するマリアッチ
メキシコ

ギターやバイオリン、トランペットなどを陽気に演奏するマリアッチは、メキシコの祝い事には欠かせない。それは死者の日であっても例外ではない。ミチョアカン州ツィンツンツァンの墓地での写真のように、マリアッチは墓の前で故人をたたえる曲などを演奏する。

死者の日に墓地の入り口に飾られるマリーゴールド
メキシコ

メキシコでは死者の日に、故人の墓を鮮やかな黄色いマリーゴールドの花で飾り立てる。「死の花」と呼ばれるマリーゴールドは太陽を意味し、同時に人生のはかなさをも表している。

**ろうそくとマリーゴールドで
お迎え**
メキシコ、ミチョアカン州、
アロクティン

死者の日には、死者の魂が
あの世から迷わずに帰って
こられるようマリーゴールド
の花で墓を飾り、ろうそく
に火をともす。墓地だけで
なく自宅でも、オフレンダと
呼ばれる祭壇を派手に飾り
つけ、亡き人をしのぶ。

夜のオアハカの墓地
メキシコ

骸骨の貴婦人「ラ・カラベラ・カトリーナ」は、もともとメキシコのイラストレーター、ホセ・グァダルーペ・ポサダが、1912年頃に社会風刺のつもりで描いたものだった。後に、そのカトリーナを画家のディエゴ・リベラがフレスコ画に大きく描いて評判になり、今ではすっかり国民的なキャラクターとなっている。

上：
エクルトナ墓地
米国、アラスカ州、アンカレッジ

アンカレッジの北東40キロにエクルトナ村がある。村の聖ニコラスロシア正教会の墓地には、明るい色の「スピリットハウス（魂の家）」が100以上並ぶ。昔からの風習で、それらは傷んでも修復されず、朽ちるままにされる。大地から来た物は大地へ帰ればよいということだ。

右：
グリーンウッド墓地
米国、ニューヨーク

ニューヨークのグリーンウッド墓地は、ブルックリンのサンセット・パークとプロスペクト・パークの間にあり、設立は1838年。50万基を超える墓碑の中にはレナード・バーンスタイン（指揮者）やヘンリー・ウォード・ビーチャー（奴隷制廃止論者、聖職者）、ジャン＝ミシェル・バスキア（画家）のものもある。

上：
カルバートン国立墓地
米国、ニューヨーク州

ロングアイランドで3番目に古い国立墓地。米国内には軍人とその家族のための墓地が164あるが、この墓地もそのひとつ。

下：
南北戦争記念碑
米国、ニューヨーク州
スリーピー・ホロー墓地

この記念碑は、南北戦争で亡くなった北軍兵士たちを追悼するために建てられた。ここには、作家のワシントン・アービングも眠っている。彼の短編小説『スリーピー・ホローの伝説』の舞台は、近くにある17世紀の旧オランダ改革派教会の墓地である。

右：
グラナリー墓地
米国、マサチューセッツ州、ボストン

1660年設立のボストンのグラナリー墓地。中央には、ベンジャミン・フランクリンの両親の墓があり、7.6メートルの高さのオベリスクが建っている。2009年、それまで知られていなかった地下墓所が発見された。観光客の足元の地面が崩れ、落ちたところが秘密の階段の吹き抜けだったのだ。

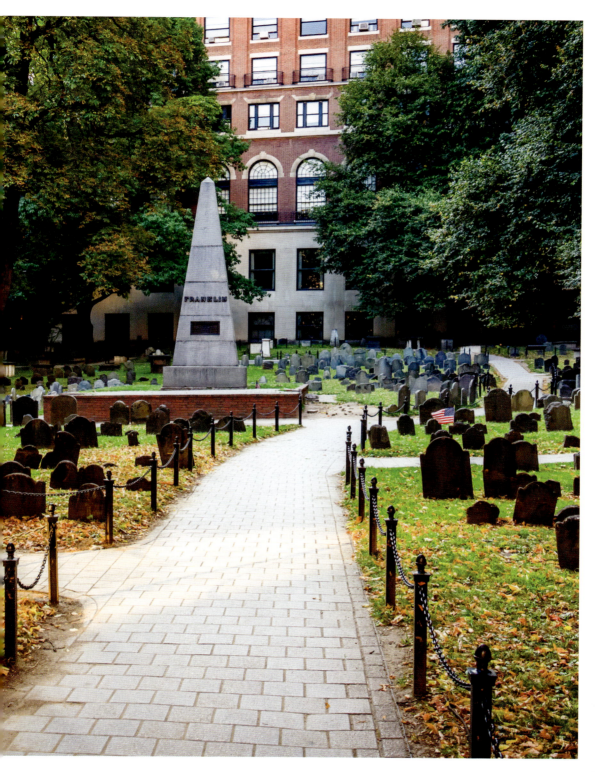

ケーブ・ヒル墓地
米国、ケンタッキー州、ルイビル

ルイビルのケーブ・ヒル墓地入り口にある時計台（上）。1892年の完成で、1トンの鐘が吊り下げられている。何度か落雷にも遭ってきた。墓地の北西のエリアは、1863年設立のケーブ・ヒル国立墓地（右）で、米国の軍関係者が眠っている。

オークウッド墓地
米国、アラバマ州、
モンゴメリー

ここには10万を超える人々が埋葬されている。カントリー歌手のハンク・ウィリアムズと妻の墓が写真の右上に写っている。人工芝で覆われているのは、訪れるファンが草を引き抜いて持って帰ってしまうため。その手前の2列に並んだ墓は、第二次世界大戦中にアラバマ州で訓練中に命を落とした英連邦のパイロットたちのものだ。

右、右ページ:
ボナベンチャー墓地
米国、ジョージア州、サバンナ

ジョン・ベレントの1994年の小説『真夜中のサバナ』の舞台となって注目を浴びた墓地。とても印象的な墓碑の下に無名の人物が眠っていることもある。マリー・バークレイ・タリアフェロ（右）はサバンナのホテル、ザ・マーシャル・ハウスの創業者の孫娘。トマス・N・テウス（右ページ）は南部連合の兵士だ。

下:
コロニアル・パーク墓地
米国、ジョージア州、サバンナ

1750年から100年余り利用されてきた。ボナベンチャー墓地ができた1853年からは埋葬を受け入れず、1896年に市営公園となった。

左：
ネプチューン・メモリアル・リーフ
米国、フロリダ州

フロリダ州キービスケーンの沖合5キロほどの海底に、ネプチューン・メモリアル・リーフはある。これまでに600人以上が埋葬された。遺灰はセメントと混ぜ合わされ、人工岩礁の上の彫像や記念碑に加工される。

上：
ブートヒル墓地
米国、アリゾナ州、トゥームストーン

1878年に造られたトゥームストーンのブートヒル墓地。ここに眠る有名人といえば、ビリー・クラントン、フランク・マクローリー、トム・マクローリーあたりだろう。皆、OK牧場の決闘で死んだ無法者たちだ。

上：
セントルイス第一墓地
米国、ルイジアナ州、ニューオリンズ

名前でわかるようにニューオリンズの3つの墓地のうち最も歴史が長く、開設は1789年。1850年代後半の世界的なチェスプレイヤー、ポール・モーフィーもここに眠っている。

右、右ページ：
マウンテン・ビュー墓地
米国、カリフォルニア州、オークランド

カリフォルニア州オークランドの街を見下ろす斜面に、81ヘクタール以上にわたって広がるマウンテン・ビュー墓地。設計は、ニューヨークのセントラルパークや、近くのカリフォルニア大学バークレー校も手がけたフレデリック・ロー・オルムステッドの手によるもの。

ハリウッド・フォーエバー墓地
米国、カリフォルニア州、
ロサンゼルス

1899年設立のハリウッド・フォーエバー墓地には、映画界のレジェンドが大勢眠っている。監督のセシル・B・デミルやジョン・ヒューストン、俳優のピーター・ローレ、ルドルフ・バレンティノ、ダグラス・フェアバンクス・シニアなど。声優のメル・ブランクの墓石には、「これでおしまい」という言葉が刻まれている。

次ページ:
アーリントン国立墓地
米国、バージニア州

南北戦争のさなか、南軍司令官ロバート・E・リーの家族から押収した土地に、この墓地は造られた。初めての軍葬が執り行われたのが1864年。それ以来、約40万人の軍人が埋葬されてきた。

上：
フォレスト・ローン記念公園
米国、カリフォルニア州、ロサンゼルス

この墓地にもたくさんのハリウッドの映画関係者が眠っている。たとえばウォルト・ディズニー、メアリー・ピックフォード、ハンフリー・ボガート。ボガートの遺灰は、まだ夫婦になる前にローレン・バコールへ贈った笛と一緒に埋葬されている。

左：
ピアース・ブラザーズ・ウエストウッド・ビレッジ・メモリアルパーク
米国

マリリン・モンローはビリー・ワイルダーが監督したコメディ映画『お熱いのがお好き』(1959年) のヒロインだ。2人とも、このウエストウッド・ビレッジ・メモリアルパークに眠っている。

ラストスタンド・ヒル
米国、リトルビッグホーン古戦場国定公園

ラストスタンド・ヒルに立つ、リトルビッグホーンの戦いで命を落とした両陣営の犠牲者の墓碑。クレイジー・ホースの率いるラコタ族、北シャイアン族、アラパト族の連合軍の戦士たちと、ジョージ・アームストロング・カスター将軍の指揮する政府軍の兵隊たちが、かつてこの丘で戦闘を繰り広げた。

コロン墓地
キューバ、ハバナ

ハバナのコロン墓地は1876年の設立で、最初に埋葬されたのは、この墓地を設計したが開園する数年前に亡くなったカリスト・アレジャノ・デ・ロイラだ。また、ホセ・ラウル・カパブランカは1920年代に7年間チェスの世界チャンピオンだった人物で、彼もまたここに眠っている。彼の墓にはチェスの駒である白のキングの像が立っている。

モルヌ=ア=ロ墓地
グアドループ

モルヌ=ア=ロはフランスがカリブに持つ海外県グアドループにある町で、丘の斜面に墓地が広がっているのだが、そこの墓が変わっている。家の形をしており、白と黒のタイルが交互に張られているため、全体的にチェスボードのような雰囲気を醸し出している。1847年にはすでに墓は建っていたという。

上：
チチカステナンゴ墓地
グアテマラ

マヤの伝統が残るチチカステナンゴのカラフルな墓や十字架。色はそれぞれに意味を持ち、家族の構成要素も表している。黄色は孫を表し、太陽を意味する。ターコイズブルーは母親に安全、白は父親に純粋だ。

右ページ：
サンタ・マリア・マグダレナ・デ・パッツィス墓地
プエルトリコ

大西洋に臨むサンタ・マリア・マグダレナ・デ・パッツィス墓地。16世紀に築かれたサンファン島のエル・モロ要塞のすぐ外側にある。

左ページ:
ボゴタ中央墓地
コロンビア

ボゴタ中央墓地には大統領と夫人専用のパビリオンがあり、1836年の開園以来、何代ものコロンビア大統領が埋葬されてきた。また、5000ペソ紙幣に描かれているモダニズム詩人のホセ・アスンシオン・シルバもここに眠っている。

左:
聖週間を祝うモンポス墓地
コロンビア

コロンビアのモンポスは、聖週間の珍しい祝い方で有名になった町だ。毎年聖水曜日には、ろうそくや花を供えた故人の墓の前で夜を明かす「亡き人へ捧ぐセレナーデ」が行われている。

169

上、右:
トゥルカン市営墓地
エクアドル

1936年に公園作りを始めたトゥルカンの市営墓地は、2005年以降はホセ・マリア・アサエル・フランコ・ゲレロ墓地という名で親しまれている。石灰質の土にイトスギを植え、動物やインカのシンボルの形に刈り込むことを決めた管理者を称え、その名を冠することにしたのだ。

右ページ:
アラサー墓地
ブラジル、サンパウロ

パカエンブー地区とピニェイロス地区の間に20ヘクタールもの敷地を構えるこの墓地は、別名「福者の墓地」と呼ばれている。サンパウロ出身のレーシング・ドライバー、ホセ・カルロス・パーチェの墓もここにある。

左:
ラパスの共同墓地
ボリビア

土地が不足しているラパスの共同墓地では、10年間しか遺体を地下に埋めておけないため、その後掘り出して火葬にする。そしてその遺灰をガラス扉のついたロッカーのような墓に安置している。

上:
炭鉱労働者の墓
ボリビア、ミリュニ墓地

ボリビアの山ワイナ・ポトシの麓にあり、スズ鉱山の大勢の労働者だけでなく、レネ・バリエントス・オルトゥーニョらの軍事政権に対して1965年にストライキを起こし、軍の兵士に殺された人々の墓もある。

上：
サラ・ブラウン共同墓地
チリ、プンタ・アレナス

墓地に冠したサラ・ブラウンは、立派なエントランスを寄進した女性の名前だ。そのメインゲートが彼女の死後に閉鎖され誰も通れなくなったのは、彼女が生前にそう注文をつけていたからだという。

右：
レコレータ墓地
パラグアイ、アスンシオン

パラグアイの著名人たちが埋葬されている墓地。詩人であり、彫刻家、批評家でもあったジョセフィーナ・プラのほか、歴代の大統領17人の墓もここにある。

前ページ:
中央墓地
ウルグアイ、モンテビデオ

ウルグアイの国民詩人として人気の高かったフアン・ソリージャ・デ・サン＝マルティンや、ジャーナリストであり小説家、詩人でもあるマリオ・ベネデッティなど、この墓地には有名な文筆家が何人も眠っている。

左:
ラ・レコレータ墓地
アルゼンチン、ブエノスアイレス

世界的に知られるこの墓地は、フランス人のプロスペロ・カテリンの設計によるもので、1822年の開園。ノーベル賞受賞者なども埋葬されているが、最も人気が高いのは、おそらく大統領夫人でミュージカル「エビータ」にもその生涯を描かれているエバ・ペロンだろう。

177

Africa and the Middle East
アフリカ・中東

　中東からアフリカにかけては、世界的に見ても広く、壮大で、歴史の長い墓地が多数存在している。トルコのミュラやダルヤンには、古代に岩壁をくり抜いて造った巨大なネクロポリスがあり、イラクには、平和の谷と呼ばれ、世界最大で墓の数も最多とされるワディ・アル・サラームがある。このような墓地の多くは、その信者たちにとって、どこよりも神聖で歴史的に重要な場所であると信じられている。サウジアラビアのジャンナトゥル・バキー墓地が、1300年以上昔に預言者ムハンマドによって造られたと考えられている一方で、エルサレムのオリーブ山は、3000年以上ユダヤ人のための埋葬地としてあり続けている

のである。
　そのような壮大で重要な墓地だけでなく、この章ではかなり風変わりでユニークな墓地も登場する。たとえば、セネガルの島には、貝殻が何層にも積もった上に造られた墓地があり、海賊が100年以上拠点としていたマダガスカル沖の島には、海賊たちの墓地がある。建築様式もさまざまだ。エジプトのファーティマにある墓は、泥レンガで築かれたドーム状の墓で、シリアのパルミラにある墓は、独特の塔の形をしている。バーレーンの北部に見られるのは、起源を4000年も遡るとされる墳墓である。中東・アフリカの墓地は、とにかくバラエティに富んでいる。

岩窟墓
トルコ、ミュラ

かつては赤や青、黄色など明るい色調に塗られていたミュラの岩窟墓。造られたのは、古代ミュラがリキア連盟に参加していた紀元前4世紀頃のことだ。中には石の壁に等身大の石像が11体掘られている墓もある。

上：
ヒエラポリスの共同墓地
トルコ、パムッカレの近く

古代都市ヒエラポリスは、現在のパムッカレの街からさほど離れていない。その共同墓地は2キロ近くにわたって広がり、トルコでもかなり保存状態の良いネクロポリスである。後期ヘレニズムから初期のキリスト教時代までの1000基ほどの墓がある。

下：
古代ローマのサルコファガス
トルコ、エフェソス

サルコファガス（石棺）という言葉は、ギリシャ語の「肉体」と「食べる」から来ている。そのような古代ローマのサルコファガスが、トルコのエフェソスで見ることができる。エフェソスは紀元前129年にローマ帝国の支配下に入った古代ギリシャの町だ。その後もゴート族に侵略され、地震で壊滅的なダメージを受けた。

右ページ：
カウノスのリキア式岩窟墓
トルコ

トルコの町ダルヤンの西側にある岩壁から、6つの巨大な神殿型の墓が川を見下ろしている。これらの墓は、古代都市カウノスが重要な港を持っていた紀元前4世紀〜紀元前2世紀の間に、岩壁をくり抜いて造られたもの。

墓の谷
シリア、パルミラ

古代都市パルミラ（現在はシリアの一部）の西側に、墓の谷と呼ばれるネクロポリスが広がっている。写真の奥のほうにいくつか写っている塔型の墓は、2015年にISISに破壊されてしまった。

左ページ：
ワディ・アル・サラーム
イラク、ナジャフ

平和の谷とも呼ばれるこの墓地は世界最大級だと言われる。面積は約607ヘクタール、600万以上の人々が眠っている。

左：
ドイツ・テンプル協会墓地
イスラエル、ハイファ

この墓地には、テンプル協会のメンバーの墓がある。彼らは19世紀の終わり頃にパレスチナへ入植したドイツのキリスト教の一派だ。

下：
オリーブ山ユダヤ人墓地
イスラエル、エルサレム

ここには3000年以上もの昔からユダヤ人が埋葬されてきた約15万基の墓があるとされている。

上：
ディルムンの墳墓群
バーレーン

バーレーン島北部にあるこの墳墓群の起源は紀元前2千年頃にまで遡る。島はその頃、サウジアラビアやクウェートの方にまで勢力を伸ばしていたディルムン文明の一部だった。墳墓の形が様々であることから、何世紀にもわたって築かれてきたということがわかる。

右：
ジャンナトゥル・バキー墓地
サウジアラビア、メディナ

預言者のモスクの南東にあるジャンナトゥル・バキー墓地は、預言者ムハンマドによって7世紀に造られたと信じられている。ここの墓には墓碑がない。1026年にすべて破壊されてしまったからだ。

シュアダ墓地
モロッコ、ラバト

別名「殉教者の墓地」とも呼ばれるシュアダ墓地は、モロッコの都市ラバトでは最大規模を誇る。市の西の端にあり、大西洋を一望できる。

上:
エル・ケタール墓地
アルジェリア、アルジェ県

1838年に開園したエル・ケタールは芸術家や芸能人に人気の墓地で、ルイチェドという芸名で知られるアハメド・アヤド(コメディ俳優・歌手)もここに眠っている。墓地の名前は「蒸留所」を意味し、かつてここにあった建物でジャスミンの花を蒸留していたことにちなんでいる。

下:
シディ・エル・メゼリ墓地
チュニジア、モナスティール

モナスティールにあるシディ・エル・メゼリ墓地は、8世紀に築かれた要塞リバトの道を挟んで北西側にあり、地中海を見渡すことができる。チュニジア独立の父、初代大統領ハビブ・ブルギバの霊廟もある。

シディ・バドリ墓地
リビア、ガダミス旧市街

シディ・バドリ墓地は、地中海の真珠とうたわれるガダミスの旧市街のすぐ近くにある。リビア西端の砂漠のオアシスに位置するこの町は、プレサハラ地域最古の集落のひとつ。

ファーティマ朝墓地
エジプト、アスワン

ナイル川の東流域に位置するエジプトの都市アスワンにあるファーティマ朝墓地の最大の特徴は、ドーム型の墓だ。8角形のドラムにドームを載せた泥レンガ製の墓は、今では30基しか残っていない。

上:
死者の町
エジプト、カイロ

カイロのシタデル（城塞）の北と南の墓地には合わせて100万以上の墓がある。それが死者の町だ。しかし実際には、生きている人間の町でもある。昔からカイロの最も貧しい層の人々が、墓の中の小屋や地下墓地などで生活してきた。

下:
クッバ
スーダン、オールド・ドンゴラ

かつて古代ヌビア人王国の首都だったオールド・ドンゴラは廃墟となって、今もスーダンナイル川の東岸にある。ドーム状の墓はクッバと言い、17世紀に築かれたものだ。

右ページ：
シェル島の墓地
セネガル、ファディユ

セネガルの町から木製の橋でつながるファディユは、貝殻で埋め尽くされた島だ。墓地は隣接する小島にあり、キリスト教徒とイスラム教徒の両方の墓がある。

上:
パイレーツ墓地
マダガスカル、サントマリー島

マダガスカルの東海岸沖に浮かぶサントマリー島は、17〜18世紀の間、海賊の拠点となっていた。海賊たちは今もこの島にいる。どくろマークのついた墓石の下で眠っているのだ。

右:
イボ島の歴史的な墓地
アフリカ、モザンビーク、キリンバス諸島

イボ島は、モザンビーク北東部のインド洋に連なるキリンバス諸島の島。この荒れ果てた墓地は、イボ島だけでなくモザンビークがポルトガルの支配下にあった植民地時代に造られた。

Asia and the Pacific
アジア・太平洋

　アジア・太平洋の墓地には、胸を打つ物語がある。オーストラリアの内陸の荒れ果てた墓地は、その町の興亡を今に伝える。フィリピンの小島の墓地は、深さ6メートルの海の底に沈んでいる。火山の噴火で海へ押し流されてしまったからだ。

　東京の泉岳寺にあるのは、亡君の敵を討ち、その代わりに切腹を命じられた四十七士の墓である。

　この章では、孔子や20人もの中国皇帝の墓のほかに、アダムが埋葬されていると考えられていたネクロポリスなども紹介する。岩壁に吊られている棺や、大きくて広い家のような墓もある。鮮やかに彩られたベトナムの死者の街、シンガポールと韓国の戦没者のための記念碑、オーストラリアのティウィ諸島にある彫刻と色彩が施された墓標など。アジア・太平洋の墓地は読む者の好奇心をそそり、きっと夢中にさせるだろう。

左：
ミズダハン廟群
ウズベキスタン、カラカルパクスタン

ミズダハンの廟群はその歴史があまりに古く、旧約聖書のアダムの埋葬地だと信じられている時期もあった。またこの墓地にはいわゆる「黙示録の時計」もある。崩れかけた9世紀の建物で、レンガが年に1つずつ崩れていき、最後のブロックが落ちると世界が終わるとされている。

前ページ見開き:
サウス・パーク・ストリート墓地
インド、コルカタ

コルカタのサウス・パーク・ストリート墓地が造られたのは1767年。かつては「グレート・クリスチャン墓地」として知られていた。たくさんの著名人が埋葬されているが、中でもインドの言語とヨーロッパの言語が非常に似ているという仮説を立てたウィリアム・ジョーンズや、東インド会社の幹部役員だったチャールズ・スチュアートの墓は注目に値する。ヒンドゥー教寺院に似せて建てられており、インド文化を受け入れ、ヒンドゥー教に改宗した彼らしい墓になっている。

左ページ、左:
孔林
中国、山東省、曲阜市

孔林には、この地で生まれた孔子（儒家の祖、紀元前5世紀）だけでなく10万を超える孔子の子孫の墓がある。特に、12人の衍聖公（えんせいこう、爵位を持つ直系子孫）の墓が散在するエリアは必見だ。「魂の道」と呼ばれる小道がそれぞれの墓へと続き、記念の門や、一対ずつの動物（左ページ）や守護像（左）など、石で造られた芸術作品もすばらしい。

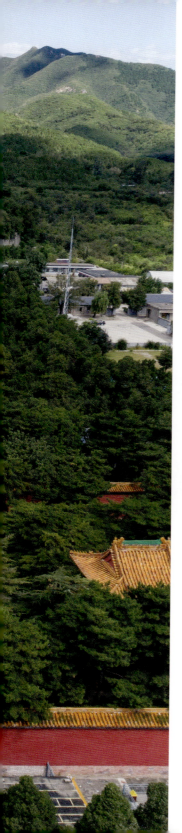

左：
長陵
中国、北京

北京の北に明の十三陵がある。この長陵はそのうちの最大、最古の陵墓で、1412年の建立。永楽帝と徐皇后の亡骸が葬られている。

上：
西夏王陵
中国、銀川市

11〜13世紀に築かれた西夏王陵。歴代皇帝10人のうちの7人と2人の祖先を葬った9基の王墓があり、そのほかに250基の近親者や従者たちの陪葬墓が点在している。

下：
清明節の八宝山革命公墓
中国、北京

党幹部や革命の英雄が大勢埋葬されている。4月頭の清明節には家族が訪れ、墓をきれいにして供え物をする。

左ページ：
国立ソウル顕忠院
韓国

国のために尽くした人々を称えるため1956年に設立された。朝鮮戦争で亡くなった5万人以上の兵士の墓がある。

左：
谷中霊園
日本、東京

1872年に天王寺の敷地跡に開設された。幸田露伴の小説にも登場する天王寺の五重塔は1957年に火事で焼け落ちている。おそらく、この霊園に眠る最も重要な歴史的人物は、江戸幕府最後の将軍、徳川慶喜だろう。慶喜の墓は塀に囲まれ一般には公開されていない。

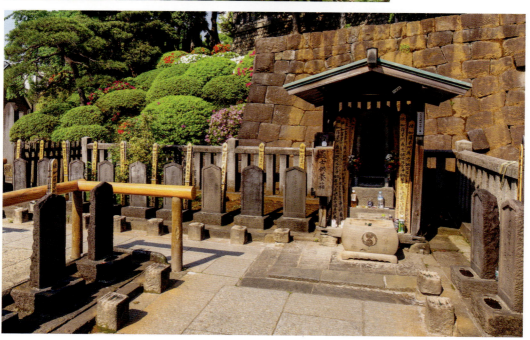

左：
高野山奥之院のお地蔵さん
日本

日本最大の霊場高野山にある奥之院では、弘法大師が今も座禅を続けていると言われている。子どもたちの魂を守るお地蔵さんは、寒くないよう赤い帽子や前掛けが供えられている。

前ページ、下：
泉岳寺
日本、東京

泉岳寺には、浅野内匠頭に仕えていた赤穂浪士四十七士の墓がある。四十七士は、内匠頭の敵である吉良上野介を討ったため、将軍徳川綱吉に切腹を命じられた。

上：
中国人墓地
フィリピン、マニラ

マニラにある中国人墓地は、1843年に設立され、市内で2番目に歴史の長い墓地だ。建物は大きく、墓というより家のように見える。中で部屋が分かれているものや、2階建て以上のものもある。

下：
サンキン・セメタリー
フィリピン、カミギン島

1871年にブルカン山が噴火し、カミギン島の町は破壊され、墓地は海へ押し流されてしまった。巨大な白い十字架が、深さ6メートルの海の底に墓地があることを教えてくれる。現在は、シュノーケルをする観光客に人気のスポットだ。

右：
崖につるされた棺
フィリピン、サガダ

サガダのカンカナエイ族には、長老の棺を崖からつるす風習が残っている。棺は長老が生前に自ら制作したもので、側面には名前もある。遺体はこの世に生を受けたときと同じ胎児のポーズで棺に納められる。

左ページ：
アンバン墓地
ベトナム

別名「死者の街」と呼ばれ、ベトナム最大で、最も豪華な埋葬地だ。獅子や龍、一角獣などエキゾチックな生き物が刻まれた色彩豊かな墓が所狭しと建てられている。

上：
ワンヒープ霊園
タイ、カンチャナブリ

メークロン川西岸にある。墓は短い草に覆われた塚を削り出すようにして造られ、モザイクタイルをふんだんに使って飾りつけられている。

左：
テオチュー霊園
タイ、バンコク

バンコクの中心地に17ヘクタールもの敷地を構え、別名ワットドン墓地とも呼ばれる。かつては荒れ果てていたが、近年は住民が楽しめるような公園墓地へと様変わりしている。

213

左ページ上:
広東義山
マレーシア、クアラルンプール

清明節には家族そろって墓地へ行き、墓をきれいにしたり供え物をしたりする。それは中国国内だけでなく、海外にいる華僑や華人も同じである。ここクアラルンプールの広東義山でも、中国人家族がろうそくや花を手向けている。

左ページ下:
クランジ戦没者墓地
シンガポール

コモンウェルス戦争墓地委員会が管理するシンガポールの戦没者墓地。シンガポールの戦いとその後の日本軍占領下で亡くなった連合軍兵士4000人以上の墓碑が並ぶ。

左:
タナ・トラジャの木の墓
インドネシア

トラジャ族の伝統的な埋葬方法。歯の生えそろう前に亡くなった乳児は、大きな木の幹をくりぬいた中へ置かれる。穴はヤシの繊維で覆われ、やがて亡骸は木に取り込まれてしまう。

上、右:
トラジャ族の葬儀と墓
インドネシア

トラジャ族は豪華で手の込んだ葬儀を行う。葬儀の資金が貯まるまで、防腐処理を施した遺体を、時には何年も自宅に置いておくこともある。崖の横穴の墓にはタウタウと呼ばれる木の人形が供される。タウタウは故人の魂を宿し、墓と残された人々を守ってくれる。

下:
タンパン・アロのしゃれこうべ
インドネシア

洞窟墓の入り口を、しゃれこうべが守っている。洞窟の中には、トラジャ族の先祖の棺が置かれている。

上：
メンジーズ墓地
オーストラリア、
西オーストラリア州

1894年の金鉱脈の発見により町の人口は急激に膨れ上がったが、金の枯渇と同時に激減した。メンジーズ墓地に行くと、この町の人々の人生がいかに過酷なものだったかが伝わってくる。ここに眠る575人のうちの大半が、事故か腸チフスで亡くなっている。

下：
ファリーナ墓地
南オーストラリア州

「ガバメント・ガムズ」と呼ばれていた南オーストラリア州の町ファリーナは、1878年から入植が始まったが、それから百年を待たずに、1967年には町としての機能を失った。町の墓地には250人分の十字架が立っているが、1972年に立てられたものが最後となっている。

右：
**バサースト島の
プカマニ・ポール**
オーストラリア、ティウィ諸島

ティウィ諸島の人々は、遺体を埋めてから2〜6カ月もかけてプカマニと呼ばれる葬送儀礼を行い、故人を称える。墓の周りには、死者の魂を鎮めるための捧げ物として、精巧な彫刻と色彩が施されたトゥティニという墓標が立てられる。

ルックウッド墓地
オーストラリア、シドニー

1867年設立のルックウッド墓地へは、数十年間、専用の列車が走っていた。列車は日に2回、墓地にある4つの駅へ会葬者と棺を運んでいた。会葬者の運賃は片道1シリングで、棺の分は無料だった。

ボルトン・ストリート墓地
ニュージーランド、ウェリントン

ウェリントンで最も古いボルトン・ストリート墓地。1840年に設立され、50年後の1890年に閉鎖されている。この地域の伝統と景観の良さを伝えるためとして、1978年に「ボルトン・ストリート記念公園」という名称に変えられたが、2014年には市議会の決定で元の「ボルトン・ストリート墓地」に戻っている。

世界の墓地マップ

224

ヨーロッパ Europe

1. ヒエタニエミ墓地
2. スコーグスシュルコゴーデン
3. リンゲブ・スターブ教会
4. グレイフライアーズ・カークヤード
5. 聖オーラフ教会
6. グラスゴー・ネクロポリス
7. 聖カスパート教会墓地
8. グラスネビン墓地
9. グレンダロッホ
10. キルマクドゥア修道院
11. アーノス・ベール墓地
12. ライリー家の墓
13. イスマーイール派ムスリムの墓（ブルックウッド墓地）
14. バンヒル・フィールド
15. ハイゲート墓地
16. キー・ヒル墓地
17. ケンサル・グリーン墓地
18. 聖パトリック教会
19. 聖ジェームズ教会
20. 聖マリア教会墓地
21. 聖パンクラス旧教会
22. バイユー戦没者墓地
23. ノルマンディー米軍英霊墓地
24. オリエントガーデン
25. ドゥオモン国立墓地
26. ラ・カンブ墓地
27. 聖アンドリュー教会
28. モンマルトル墓地
29. モンパルナス墓地
30. カタコンブ・ド・パリ
31. ペール・ラシェーズ墓地
32. アルムデナ墓地
33. サン・アマロ墓地
34. 王の霊廟
35. サンタ・マリア・レアル教会
36. ポブレノウ墓地
37. シリエゴ墓地
38. サンフロイラン市営墓地
39. ブラゼーレス墓地
40. カプチン派のカタコンベ
41. 死者の教会
42. 非カトリック墓地
43. アウグストゥス廟
44. フォンタネッレ墓地
45. パンターリカの岩壁墓地遺跡
46. チェルベーテリの墓地遺跡群
47. ポルタ・ロマーナ墓地
48. サン・ミケーレ墓地
49. スタリオーノ記念墓地
50. サン・ジョルジョ教会
51. ウィド・ガミーク墓地
52. ツェントラールフリートホーフ
53. ボワ＝ド＝ヴォー墓地
54. ココ・シャネルの墓
55. ベルゲン＝ベルゼン記念館
56. ドロテーエンシュタット墓地
57. レーデルゼーのユダヤ人墓地
58. メラーテン墓地
59. ハイリガー・ギント
60. 南フリートホーフ
61. 聖ヨハネ墓地
62. アシステンス教会墓地
63. タインコット墓地
64. ラーケン墓地
65. オランダ・アメリカ人墓地
66. 新東墓地
67. ドイツ戦争墓地
68. 新ユダヤ人墓地
69. 旧ユダヤ人墓地
70. ミロゴイ墓地
71. コバチ墓地
72. ラディムリャ共同墓地
73. アテネ第一墓地
74. スダ湾戦争墓地
75. ケラミコス墓地
76. 円形墓域A
77. 水没したジャマナの墓地
78. 陽気な墓地
79. 聖ラザロ墓地
80. 十字架の丘
81. ノラトゥス墓地
82. ナイサール墓地
83. チフビン墓地
84. ノボデビチ墓地
85. 死者の街

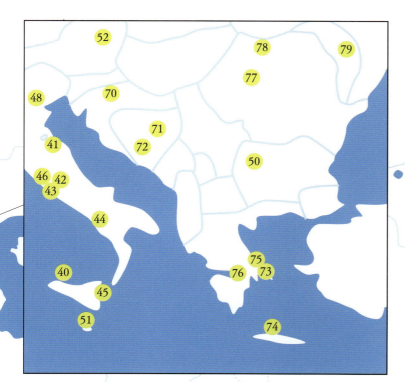

225

南北アメリカ Americas

- 86 ノートル=ダム=デ=ネージュ墓地
- 87 中国人墓地
- 88 フェアビュー・ローン墓地
- 89 ビーチウッド墓地
- 90 荒れ果てた教会と墓地
- 91 死者の日（アユトラ）
- 92 ツィンツンツァンの墓
- 93 キャンドルとマリーゴールドの祭壇
- 94 オアハカの墓地
- 95 エクルトナ墓地
- 96 グリーンウッド墓地
- 97 カルバートン国立墓地
- 98 南北戦争記念碑
- 99 グラナリー墓地
- 100 ケーブ・ヒル墓地
- 101 オークウッド墓地
- 102 ボナベンチャー墓地
- 103 コロニアル・パーク墓地
- 104 ネプチューン・メモリアル・リーフ
- 105 ブートヒル墓地
- 106 セントルイス第一墓地
- 107 マウンテン・ビュー墓地
- 108 ハリウッド・フォーエバー墓地
- 109 フォレスト・ローン記念公園
- 110 ピアース・ブラザーズ・ウェストウッド・ビレッジ・メモリアルパーク
- 111 アーリントン国立墓地
- 112 ラストスタンド・ヒル
- 113 コロン墓地
- 114 モルヌ=アーロ墓地
- 115 チチカステナンゴ墓地
- 116 サンタ・マリア・マグダレナ
- 117 ボゴダ中央墓地
- 118 モンポス墓地
- 119 トゥルカン市営墓地
- 120 アラサー墓地
- 121 ラパスの共同墓地
- 122 炭鉱労働者の墓
- 123 サラ・ブラウン共同墓地
- 124 レコレータ墓地
- 125 中央墓地
- 126 ラ・レコレータ墓地
- 127 シカレ・パーク

226

アフリカ・中東
Africa and the Middle East

- 128 岩窟墓
- 129 ヒエラポリスの共同墓地
- 130 古代ローマのサルコファガス
- 131 リキア式岩窟墓
- 132 墓の谷
- 133 ワディ・アル・サラーム墓地
- 134 ドイツ・テンプル協会墓地
- 135 オリーブ山ユダヤ人墓地
- 136 ディルムンの墳墓群
- 137 ジャンナトゥル・バキー墓地
- 138 シュアダ墓地
- 139 エル・ケタール墓地
- 140 シディ・エル・メゼリ墓地
- 141 シディ・バドリ墓地
- 142 ファーティマ朝墓地
- 143 死者の都
- 144 クッバ
- 145 シェル島の墓地
- 146 パイレーツ墓地
- 147 歴史的な墓地

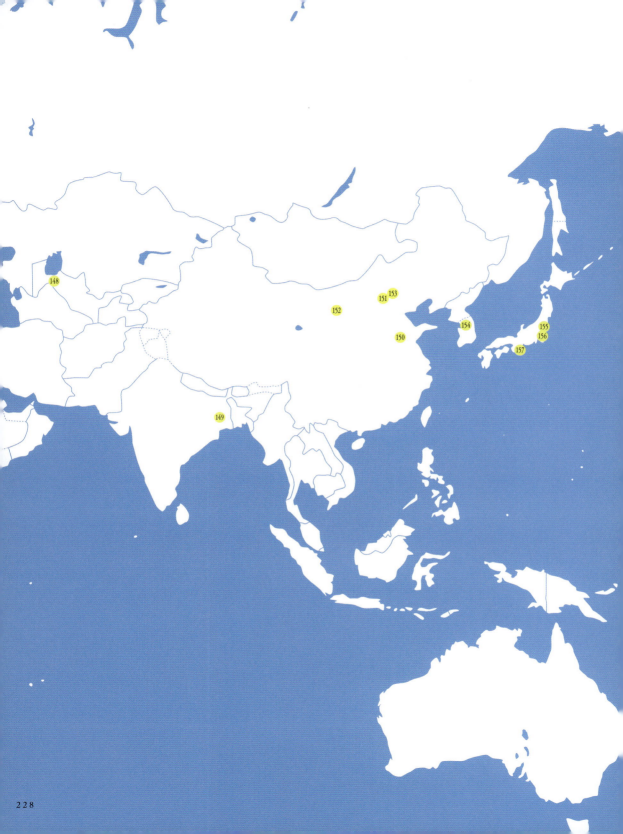

Picture Credits

Alamy: 16/17 (Kumar Sriskandan), 18/19 (Joana Kruse), 30 (Barnaby Budworth), 31 top (William Robinson), 31 bottom (Graham Prentice), 32 top (Gillian Pullinger), 33 (A.P.S. UK), 34/35 (Roger Cannon), 40 (Chris Dorney), 41 top (Nick Maslen), 41 bottom (Imageplotter), 42 (Rob Sutherland), 43 top (Mick Sharp), 43 bottom (UrbanImages), 47 bottom (John Kellerman), 48/49 (Hemis), 52/53 (Silverback), 55 top (Jon Arnold Images), 55 bottom (FORGET Patrick/SAG), 56/57 (Finnbarr Webster), 64/65 (Associated Press), 73 top right (Teo Moreno Moreno), 73 bottom (ZUMA Press), 76 (Boaz Rottem), 77 top (imageBROKER), 77 bottom (Realy Easy Star), 79 bottom (imageBROKER), 81 & 83 bottom (Adam Eastland), 83 top (Universal Images Group North America/DeAgostini), 85 top & 87 bottom (Image Professionals), 90 bottom (Anze Furlan), 91 bottom (Phil Rees), 92 top (JEAN), 93 (pictureproject), 94 (Dorling Kindersley), 95 top (imageBROKER), 95 bottom (Bildagentur-online/Joko), 96 & 97 bottom (imageBROKER), 98 top left (Chris Milne), 106 bottom (Thomas Brock), 107 (stu.dio), 108 (Peter Eastland), 110 top (Funkyfood London - Paul Williams), 110 bottom (Hercules Milas), 116/117 (Associated Press), 121 top (Inga Leksina), 130 (Dan Doucette), 134 (Jan Sochor), 135 (robertharding), 136/137 (Richard Ellis), 138/139 (Brian Overcast), 148/149 (Jeremy Graham), 150 bottom (Matt Stroshane), 152 (Associated Press), 154 bottom (SiliconValleyStock), 155 (Madeleine Jettre), 159 top (Chon Kit Leong), 159 bottom (Barry King), 169 (Associated Press), 171 (AGB Photo Library), 173 (Pierre Kapsalis), 174 bottom (Design Pics), 175 (Eric Frank), 182/183 (Peter Horree), 184 (imageBROKER), 185 top (Eye Ubiquitous), 186 (sumit devlekar), 187 (Noushadali Kalathil), 188/189 (david a eastley), 190 top (Abaca Press), 191 (Paul Doyle), 192/193 (Ivan Vdovin), 197 (imageBROKER), 205 top (Andrea Di Martino), 205 bottom (Associated Press), 214 top (Calvin Chan), 215 (Fabrizio Cortesi), 216 top (robertharding), 216 bottom (Elena Odareeva), 218 top (Genevieve Vallee), 218 bottom (David Foster), 219 (Philip Game), 220/221 (Christine Gates)

Dreamstime: 5 (Njarvis5), 6 (Marcelicagaray), 7 (Lifesunday), 8 (Romanbelyakovphoto), 10 (Natalialappalainen), 11 top (Raagoon), 11 bottom & 12/13 (Dudlajzov), 14/15 (Rpbmedia), 20 top (Creativehearts), 20 bottom (Eziogutzemberg), 21 top (Klodien), 21 bottom (Mino21), 22/23 (Fotokon), 24 & 25 (Dawidkalisinski), 26/27 (Danielc1998), 28/29 (Fulcanelli), 32 bottom (Alanbarr32), 37 top (Flaviaphoto), 38/39 (Danielbridge), 44/45 (Gunold), 46 (A2gxe9), 47 top (Jrtwynam), 50 (Lochstampfer), 51 top (ruwt), 54 (Minacarson), 58 top (Aanastasiake), 58 bottom (Delstudio), 68/69 (Joseguliastrigas), 70/71 & 72 (Fotokon), 73 top left (Lenavallhalla), 74/75 (Davidevora), 78 (Antoine2000), 79 top (Dedmityay), 80 (Massimosanti61), 82 (Sharpness71), 84 (Garrett1984), 85 bottom (Karpovsfoto), 86 (Fotonazario), 87 top (Kikiritkata), 88/89 (Wirestock), 90/91 (Meinzahn), 92 bottom (Pinky77), 97 top (Zhan1999), 98 top right (oliverfoerstner), 98 bottom (Havana1234), 99 (Isselee), 100 top (Ahavelaar), 100 bottom (Joophoek), 101 top (Robertvanthoenderdaal), 101 bottom (Cakifoto), 102 (Gepapix), 103 top (Radiokafka), 103 bottom (Photogolfer), 104 (Silverjohn), 105 top (Verdeljic), 105 bottom (Biserko), 106 top (Martinapellecchia1), 109 top (Arenaphotouk), 109 bottom (Photostella), 111 (Spirospapadakis), 118 (Irrairra), 119 top (Jovannig), 119 bottom (Turfantastik), 120 (Jaanall), 121 bottom (Ematveeva), 122/123 (Alkir), 124 (Xofflowers), 126/127 (Meunierd, 128 & 129 (Zeljkokcanmore), 131 (Wirestock), 132/133 (Loca4motion), 140/141 (Kobby_dagan), 144 bottom (Sandrafoyt), 145 (Appalachianviews), 146 & 147 (Thomaskelley), 150 top (Jeremy Graham), 153 (Dani24am), 154 top (Photosounds), 156/157 (Kendallsev), 158 (Mazuciukas), 160/161 (Annedave), 162/163 (Wellsie82), 164/165 (Hopsalka), 166 (Yggdrasill33), 167 (Vankok), 168 (Alejobilustracion), 170 top (Quasarphoto), 170 bottom (Patriciohidalgop), 172 (Derwuth), 174 top (Galinasavina), 176/177 (Thevirex), 178 (Lypnyk2), 180 top (Gunold), 180 bottom (Turfantastik), 181 (Borgor), 185 bottom (Seregalsv), 190 bottom (Murmakova), 194 top (Jaz1), 195 (Mirek1967), 196 (Falynosyboraha), 198 (Turfantasti), 200/201 (Mazzzu), 202 (Tempestz), 203 (Kuzmire), 204 (Chawranphoto), 206 (Kuzmire), 207 top (Slawekkozaks), 207 bottom (Cowardlion), 208/209 (Carlosneto), 210 top (Klodien), 210 bottom (Marytravelerp), 211 (Flocutus), 212 (Ralfliebhold), 213 top (Flocutus), 213 bottom (Cesarepalma), 217 (Fbxx71), 222/223 (Dashat5)

Getty Images: 36 (Tolga Akmen), 51 bottom (aluxum), 66/67 (Education Images), 214 bottom (Calvin Chan)

New York Air National Guard: 144 top (Staff Sgt. Christopher Muncy)

Shutterstock: 37 bottom (David JC), 59 (HUANG Zheng), 60 top (VanoVasaio), 60/61 (Roxanne Hunter), 61 top (Wirestock Creators), 62/63 (Songquan Deng), 112/113 (Angyalosi Beata), 114/115 (yorgil), 142 (Uwe Bergwitz), 143 (kristof lauwers), 151 (annaleyah), 194 bottom (imageBROKER)

COVER PHOTO: Merry Cemetery, Romania (yorgil/Shutterstock), Highgate Cemetery (Daniel Bridge/Dreamstime)

世界の墓地

山頂から海底、岸壁からロッカーまで、
永遠の眠りの地を訪ねる

2025年2月17日　第1版1刷

著者	アラステア・ホーン	発行者	田中祐子
訳者	大島聡子	発行	株式会社日経ナショナル ジオグラフィック
編集	尾崎憲和　川端麻里子		〒105-8308　東京都港区虎ノ門4-3-12
デザイン	小口翔平＋佐々木信博＋青山風音(tobufune)	発売	株式会社日経BPマーケティング
制作	クニメディア	印刷・製本	日経印刷

ISBN978-4-86313-647-2
Printed in Japan

乱丁・落丁本のお取替えは、こちらまでご連絡ください。
https://nkbp.jp/ngbook

本書の無断複写・複製(コピー等)は著作権法上の例外を除き、禁じられています。
購入者以外の第三者による電子データ化及び電子書籍化は、私的使用を含め一切認められておりません。

本書は英国Amber社の書籍『GRAVEYARDS』を翻訳したものです。内容については原著者の見解に基づいています。

Copyright © 2024 Amber Books Ltd, London
Copyright in the Japanese translation © 2025 Nikkei National Geographic Inc.
This translation of Graveyards first published in 2025 is published by arrangement with Amber Books Ltd., through Tuttle-Mori Agency, Inc., Tokyo